Toi Et Moi

Paul Geraldy

BIBLIOLIFE

PAUL GÉRALDY

TOI ET MOI

PARIS

LIBRAIRIE STOCK

DELAMAIN, BOUTELLEAU ÉDITEURS

Place du Théâtre-Français

Si tu m'aimais, et si je t'aimais,
comme je t'aimerais !

I

EXPANSIONS

I

EXPANSIONS

Ah ! je vous aime ! Je vous aime !

Vous entendez ? Je suis fou de vous. Je suis fou...

Je dis des mots, toujours les mêmes...

Mais je vous aime ! Je vous aime !...

Je vous aime, comprenez-vous ?

Vous riez ? J'ai l'air stupide ?

Mais comment faire alors pour que tu saches bien,

pour que tu sentes bien ? Ce qu'on dit, c'est si vide !

Je cherche, je cherche un moyen...

Ce n'est pas vrai que les baisers peuvent suffire.

Quelque chose m'étouffe, ici, comme un sanglot.

J'ai besoin d'exprimer, d'expliquer, de traduire.

On ne sent tout à fait que ce qu'on a su dire.

On vit plus ou moins à travers des mots.

J'ai besoin de mots, d'analyses.

Il faut, il faut que je te dise...

Il faut que tu saches... Mais quoi !

Si je savais trouver des choses de poète,

en dirais-je plus — réponds-moi —

que lorsque je te tiens ainsi, petite tête,

et que cent fois et mille fois

je te répète éperdument et te répète :

Toi ! Toi ! Toi ! Toi !...

II

NERFS

II

NERFS

Oui, tu m'aimes. C'est vrai. Tu es très, très gentille.

Mais il y a des jours, tu sais,

où je me sens las, agacé,

de t'écouter jouer à la petite fille.

Rire toujours, toujours plaisanter, c'est charmant,

mais insuffisant, tout de même !

Ce soir, j'ai mal. Oh ! ce n'est rien, évidemment !

Mais je suis énervé. Tu le vois bien toi-même !

Et je pleurerais pour un rien, en ce moment.

Tais-toi donc ! Tu es là qui t'agites, qui causes

Ta chère voix d'oiseau m'irrite et me fait mal.

L'envers de ton satin n'est pas du même rose ?

Que veux-tu ! C'est plus fort que moi : ça m'est égal !...

Ne fais pas ces yeux-là ! Ça n'a rien de tragique.

Mais non, je ne suis pas en colère ! Tu vois :

je ne te parle pas méchamment. Je t'explique :

j'ai mal aux nerfs. Pourquoi ? Tu veux savoir pourquoi ?

Mon Dieu, c'est ce temps-là. C'est assez difficile

à t'expliquer. C'est la fatigue, les ennuis. .

Alors pour aujourd'hui, rien que pour aujourd'hui,

laisse un peu tes chapeaux tranquilles !

III

TRISTESSE

III

TRISTESSE

Ton Passé !... Car tu as un Passé, toi aussi !

Un grand Passé, plein de bonheurs et plein de peines...

Dire que cette tête est pleine

de vieilles joies, de vieux soucis,

d'ombres immenses ou petites,

de mille visions où je ne suis pour rien !

Redis-les moi toutes ces choses cent fois dites.

Tes souvenirs, je ne les sais pas encor bien.

Ah ! derrière tes yeux, cette nuit, ce mystère !

Ainsi c'est vrai qu'il fut un temps où quelque part

tu gambadais dans la lumière

avec de longs cheveux épars,

comme sur ces photographies !

Raconte-moi. C'est vrai ? C'est vrai

Tu fus pareille à ce portrait

où tu n'es même pas jolie ?

Explique. En ce temps-là, qu'est-ce que tu faisais ?

Qu'est-ce que tu pensais ? Qu'est-ce que tu disais ?

Que se passait-il dans ta vie ?

Ce grand jardin a existé, qu'on aperçoit ?

De quel côté était la grille ?

Es-tu sûre que ce soit toi

cette affreuse petite fille ?

Ce chapeau démodé, ce chapeau d'autrefois,

fut ton chapeau ? Tu es bien sûre ?

Et toutes ces vieilles figures,

ce sont les gens qui te connurent

avant moi ?

C'est à ces gens que tu dois ton premier voyage,

ta première nuit dans un train,

ta première forêt, et ta première plage ?

C'est eux qui t'ont donné la main,

et qui t'ont prêté leur épaule,

et qui t'ont dit : « Regarde là... » ?

Hélas ! pourquoi tous ces gens-là

ne m'ont-ils pas laissé ce rôle ?

J'aurais tant aimé t'emporter

loin, toute seule, et t'inventer

de merveilleux itinéraires !

Je t'aurais révélé les soirs et les étés,

appris le goût des longues routes solitaires,

et dit les noms des beaux villages aperçus.

Je t'aurais présenté la Terre.

Je crois que j'aurais très bien su.

Et de tant d'horizons splendides,

de tant de villes, de pays,

peut-être aurait-il rejailli

un peu de gloire sur le guide...

Ah ! tous ces gens, petit chéri,

savent-ils bien ce qu'ils m'ont pris ?

C'est fini. L'on n'y peut rien faire.

C'est l'irréparable. Voilà.

Et cependant tous ces gens-là

ont l'air de gens très ordinaires.

Sois certaine qu'entre nous deux

si nous sentons aussi souvent des différences,

ce n'est qu'à cause d'eux, oui, d'eux

qui, sous prétexte de vacances,

te menèrent de-ci, de-là,

et mirent leur empreinte, avant moi, sur ta vie...

Ne pensons plus à tout cela.

Range-moi ces photographies.

IV

SÉRÉNITÉ

Qu'est-ce que tu m'as dit encore, en me quittant :

que l'on ne s'aimait plus ? Mais si, mais si, on s'aime !

Tu as pleuré ? Tu seras donc toujours la même ?

Mais puisque je te dis qu'on s'aime ! Tu m'entends ?

Sois donc plus simple ! Il faut toujours que tu compliques

les choses ! Dis-toi donc qu'à notre époque, enfin,

cela devient par trop poncif et ridicule,

sous prétexte qu'on est des amants un peu fins,

d'écrire Amour et Cœur avec des majuscules.

Nous employons des mots qui ne servent à rien,

et qui sont très gênants... et dangereux ! On pose !

On dit : mon Cœur, ton Cœur, notre Cœur. On y tient.

Je te jure que l'on s'en passerait très bien,

et que cela simplifierait beaucoup les choses.

Il n'y a pas nos Cœurs : il y a toi et moi,

oui, toi et moi, qui n'avons rien d'extraordinaire.

Mais on se grise avec des mots, on s'exagère

l'importance de tout, et puis on s'aperçoit

que la réalité n'est pas à la hauteur .

Je t'en supplie, laissons mon Cœur, laissons ton Cœur !

Soyons nous !... Eh ! bien, oui, c'est vrai, quand on se voit,

on n'est plus très troublé. C'est moins bien qu'autrefois.

Tu ne t'affoles pas. Moi non plus. Eh bien, quoi ?

Il n'y a là rien de bien tragique. Nous sommes

un peu calmés ? Mais c'est tout naturel, cela.

C'est l'habitude. On est habitué. Voilà.

Si nous nous retrouvons sans passion, en somme,
chacun de nous s'ennuie quand l'autre n'est plus là.

On se croit malheureux. On n'a de goût à rien.

On se sent seul... Eh ! bien, mais c'est déjà très bien !

V

ABAT-JOUR

V

ABAT-JOUR

Tu demandes pourquoi je reste sans rien dire ?
C'est que voici le grand moment,
l'heure des yeux et du sourire,
le soir, et que ce soir je t'aime infiniment !

Serre-moi contre toi. J'ai besoin de caresses.

Si tu savais tout ce qui monte en moi, ce soir,

d'ambition, d'orgueil, de désir, de tendresse,

et de bonté !... Mais non, tu ne peux pas savoir !..

Baisse un peu l'abat-jour, veux-tu ? Nous serons mieux.

C'est dans l'ombre que les cœurs causent,

et l'on voit beaucoup mieux les yeux

quand on voit un peu moins les choses.

Ce soir je t'aime trop pour te parler d'amour.

Serre-moi contre ta poitrine !

Je voudrais que ce soit mon tour

d'être celui que l'on câline...

Baisse encore un peu l'abat-jour.

Là. Ne parlons plus. Soyons sages.

Et ne bougeons pas. C'est si bon

tes mains tièdes sur mon visage !...

Mais qu'est-ce encor ? Que nous veut-on ?

Ah ! c'est le café qu'on apporte !

Eh ! bien, posez ça là, voyons !

Faites vites !... Et fermez la porte !...

Qu'est-ce que je te disais donc ?

Nous prenons ce café... maintenant ? Tu préfères ?

C'est vrai : toi, tu l'aimes très chaud.

Veux-tu que je te serve ? Attends ! Laisse-moi faire.

Il est fort, aujourd'hui ! Du sucre ? Un seul morceau ?

C'est assez ? Veux-tu que je goûte ?

Là ! Voici votre tasse, amour...

Mais qu'il fait sombre ! On n'y voit goutte...

Lève donc un peu l'abat-jour.

VI

CHANCE

VI

CHANCE

Et pourtant, nous poüvions ne jamais nous connaître !

Mon amour, imaginez-vous

tout ce que le Sort dut permettre

pour qu'on soit là, qu'on s'aime, et pour que ce soit nous ?

Tu dis · « Nous étions nés l'un pour l'autre. » Mais pense

à ce qu'il dut falloir de chances, de concours,

de causes, de coïncidences,

pour réaliser ça, simplement, notre amour !

Songe qu'avant d'unir nos têtes vagabondes,

nous avons vécu seuls, séparés, égarés,

et que c'est long, le temps, et que c'est grand, le monde,

et que nous aurions pu ne pas nous rencontrer.

As-tu jamais pensé, ma jolie aventure,

aux dangers que courut notre pauvre bonheur

quand l'un vers l'autre, au fond de l'infinie nature,

mystérieusement gravitaient nos deux cœurs ?

Sais-tu que cette course était bien incertaine

qui vers un soir nous conduisait,

et qu'un caprice, une migraine,

pouvaient nous écarter l'un de l'autre à jamais ?

Je ne t'ai jamais dit cette chose inouïe :

lorsque je t'aperçus pour la première fois,

je ne vis pas d'abord que tu étais jolie.

Je pris à peine garde à toi.

Ton amie m'occupait bien plus, avec son rire.

C'est tard, très tard, que nos regards se sont croisés.

Songe, nous aurions pu ne pas savoir y lire,

et toi ne pas comprendre, et moi ne pas oser.

Où serions-nous ce soir si, ce soir-là, ta mère

t'avait reprise un peu plus tôt ?

Et si tu n'avais pas rougi, sous les lumières,

quand ˙ voulus t'aider à mettre ton manteau ?

Car souviens-toi, ce furent là toutes les causes.

Un retard, un empêchement,

et rien n'aurait été du cher enivrement,

de l'exquise métamorphose !

Notre amour aurait pu ne jamais advenir !

Tu pourrais aujourd hui n'être pas dans ma vie !...

Mon petit cœur, mon cœur, ma petite chérie,

je pense à cette maladie

dont vous avez failli mourir...

VII

AMES, MODES, ETC...

VII

AMES, MODES, ETC...

Tu ne serais pas une femme
si tu ne savais pas si bien
te faire et te refaire une âme,
une âme neuve avec un rien.
A ce jeü ta science est telle
que, chaque fois que je te vois,

TOI ET MOI

tu fais semblant d'être nouvelle,

et j'y suis pris toutes les fois.

Tu sais qu'à la fin tout s'use,

que notre amour est déjà vieux,

alors, tu triches, tu ruses,

tu viens avec d'autres yeux,

tu rajeunis sous des fourrures

l'éclat trop prévu de ta peau,

tu renais d'un satin, revis d'une guipure...

Et puis, il y a tes chapeaux !

Je crois découvrir en toi quelque chose

de plus grave, de plus profond.

Et c'est tout simplement à cause

d'un de ces grands chapeaux qui font

les yeux plus noirs, les joues plus roses,

et qui cachent si bien les fronts !

Ainsi tu sais, femme mille fois femme,

dès que tu sens mon amour las,

te composer un parfum d'âme

que je ne te connaissais pas.

Alors, amoureux, je saccage

tes lèvres de baisers nerveux.

Je prends dans mes mains ton visage

et je rebrousse tes cheveux.

Je ris, je suis heureux, je t'aime...

Mais quand j'ai défait les chiffons

et trouvé tes vrais yeux au fond,

je vois bien que ce sont les mêmes !

Lorsqu'enfin je tiens dans mes doigts

sous tes cheveux ta tête nue,

tristement déçu, je revois

ton front de la dernière fois :

c'est toujours toi

qui continues...

Je tâche en vain sous mes baisers

de ranimer l'âme éphémère.

C'est fini. Le charme est brisé.

Et tu ressembles à ta mère.

VIII

PIANO

VIII

PIANO

Mon amoūr, j'ai fait pour toi
une chanson sur trois notes.
Je la joue avec un doigt.
Mets-toi là. Ecoute-la.
Si tu la trouves trop sotte,
tu me le diras, voilà.

J'aime une petite étrangement belle.

« Pourquoi, me dit-elle, êtes-vous jaloux ?

Cela se voit bien que je suis fidèle

et n'aime que vous !

Ne plus vous aimer ? Mais c'est impossible !

Vous me paraissez, au milieu des gens,

tellement plus fin, plus doux, plus sensible,

plus intelligent !

N'ayez donc pas peur, méchant que vous êtes !

Je n'aime que vous. Je ne suis qu'à vous.

C'est très laid, monsieur, de faire le bête

et d'être jaloux ! ».

C'est vrai. Je la sens à moi tout entière.

Son cœur n'est pas faible et n'est pas hardi.

Elle est très fidèle. Elle est très sincère...

Mais moi je me dis

qu'à coup sûr, ailleurs, un autre homme existe,

plus parfait que moi, qui viendra vers nous,

qu'il sera joyeux quand je serai triste,

et qu'elle a du goût.

Et je suis jaloux, et je m'inquiète,

et je perds la tête, et j'ai le cœur gros. .

Voilà la chanson que je vous ai faite,

mon petit oiseau.

IX

MÉDITATION

IX

MÉDITATION

Toujours, toute la vie... Oui, ces mots, ces mots bêtes,

il faut me les redire et me les répéter !

Se quitter ! Nous deux ! Dis ?... On pourrait se quitter ?

Cela te semble fou, monstrueux ?... Oh ! répète !

J'ai besoin d'être sûr de notre éternité.

.. Pourtant, quand mon ami m'affirme : « C'est bien elle

la compagne définitive. Que crains-tu ?

Tu n'auras qu'un amour. Vous vous serez fidèles »...

je suis un peu déçu.

X

JALOUSIE

X

JALOUSIE

Je suis jaloux. Tu es là-bas, à la campagne,

et moi je suis là, tout seul, à présent !

Des parents, je sais, t'accompagnent

qui ne sont pas très amusants.

Mais je suis jaloux tout de même,

jaloux de te savoir là-bas par ce printemps...

Tout ce bleu doit te faire oublier que tu m'aimes...

Moi je pense à toi tout le temps !

J'aime l'âme ivre et comme défaite.

Je pleure d'amour et d'ennui.

Ton image est là, dans ma tête ·

tu es joliment bien, petite âme, aujourd'hui !

Je suis jaloux, quoi que je fasse ou que je veuille.

Il fait tiède et doux dans Paris !

C'est adorable ! Et moi je rage et je t'écris,

à toi, à toi, petit chéri,

qui es là-bas, où sont les feuilles...

Tu dois avoir ton grand chapeau

de paille blonde et de glycines

qui met des petits ronds de soleil sur ta peau.

Tu dois bien m'oublier ! Et moi je te devine

jolie, heureuse... Il fait si beau !

Ah ! je pleurerais de colère !

Il a plu pendant tout un mois :

il faut qu'on t'écarte de moi

quand tu m'es le plus nécessaire !

Je ne t'ai jamais tant aimée qu'en ce moment.

Cet air tiède et doux m'exaspère

qui pénètre l'appartement.

Je t'en veux, je souffre, et souhaite

que là-bas tu souffres autant.

Ce n'est pas très gentil, bien sûr ! C'est un peu bête.

Mais, que veux-tu ! je t'aime tant !

Je voudrais que tu me regrettes

au point de haïr ce printemps...

Je serais même très content

s'il te faisait un peu mal à la tête.

XI

DOUTE

DOUTE

Tu m'as dit . « Je pense à toi
tout le jour. »
Mais tu penses moins à moi
qu'à l'amour.

Tu m'as dit : « Mes yeux moüillés

qui ne peuvent t'oublier

restent longtemps éveillés

lorsque je me couche. »

Mais ton cœur est moins grisé

qu'amusé.

Tu penses plus au baiser

qu'à la bouche.

Tu ne te tourmentes point.

Tu sais, sans chercher plus loin,

que nos joies sont bien les nôtres...

Mais l'amour est un besoin.

M'aimerais-tu beaucoup moins

si j'étais un autre ?

XII

TENDRESSE

XII

TENDRESSE

Tu m'aimès ?... Qu'est-ce que tu fais ?
Tu ne dis rien. Mets-toi plus près.
Laisse ces choses qui t'occupent,
et viens t'étendre, ici, voyons !
Je ferai bien attention.
Je ne friperai pas ta jupe.

Otons les coussins s'ils te gênent.

Tâchons de nous installer bien.

Et donnez-moi vos mains, vilaine,

et mettez vos yeux dans les miens.

Si vous saviez comme on vous aime !

Regardez-moi mieux... Encor mieux !

Ça doit bien se voir dans mes yeux

que je t'ai donné tout moi-même !

Tu le vois, dis ? Tu le comprends ?

Mon amour, ce soir, est si grand,

si grave, si profond, si tendre !...

Mais non, tu ne peux pas comprendre...

Tu dis que si ?... Tu es gentil.

Je te dis tout ça, mon petit,

c'est pour que tu te rendes compte,

que tu saches... Enfin, voilà.

Regarde : les larmes me montent.

Et rien n'existe, et rien ne compte

que ces yeux-là, que ce front-là.

Penche ta tête un peu du côté de la lampe,

et laisse-moi, comme un bandeau,

mettre les paūmes de mēs mains contre ḡes tempes...

Ainsi c'esḡ bien vrai, mon petit oiseaū ?

Ils résument pour moi les ḡendresses suprêmes,

ces doux yeux attentifs, ce joli front égal ?...

C'esḡ vrai, dis ? C'esḡ vrai ?... Je t'aime ! Ah ! je t'aimē !...

Je voudrais te faire du mal.

XIII

APAISEMENT

XIII

APAISEMENT

Chérie, on s'est encor très mal quittés. Pourquoi ?
Mais pourquoi ? On s'était tant promis, l'autre jour,
de toujours bien s'aimer ! Mais, tu sais, cette fois,
je n'ai pas commencé. C'est toi... D'ailleurs, toi, moi,
qu'importe ? Ce n'est pas toi, ni moi : c'est l'amour...
Ainsi tu es partie sur ce mauvais adieu !

Et l'on s'est dit exprès des mots durs, sur le seuil,

la voix mauvaise ! Et moi, j'avais mal à l'orgueil !

Et toi, tu renfonçais tes larmes dans tes yeux !...

C'est étrange. Dès que nous vivons côte à côte,

nous avons l'air de nous détester. C'est ainsi.

Et ce n'est pas ma faute. Et ce n'est pas ta faute.

Car tu m'aimes. Je le sais bien. Je t'aime aussi.

Peut-être est-ce de trop nous ressembler. Peut-être

est-ce de trop nous voir et de trop nous connaître.

On sait mieux ses défauts. On est moins indulgent.

On est bête ! On veut trop comprendre... Tu comprends ?

On s'observe. On se scrute. On doute. On n'a jamais

confiance en l'amour. Il faut le laisser faire.

C'est tout simple. Ainsi, tiens : tout à l'heure, on s'aimait.

Il n'y a pas à dire, on s'aimait ! Seulement,

on veut s'aimer comme des gens extraordinaires !

On se tourmente ! On ne peut pas rester tranquilles !

Je vous demande un peu ! S'aimer éperdument,

s'idolâtrer... quand c'est déjà si difficile

de bien s'aimer, tout bêtement !...

Enfin voilà — j'ai réfléchi — ; pour le moment

je crois qu'il faut nous voir un peu moins... Comprends-tu?

Nous nous aimons, nous le savons : c'est entendu.

Mais d'en parler toujours, on se lasse, on s'irrite.

Voyons-nous moins souvent. Ainsi, quand tu viendras,

des choses seront nées que nous n'aurons pas dites.

Et alors tu verras, mon amour, tu verras

que nous serons heureux et très heureux encore !

Nous aurons des bonheurs nouveaux, j'en suis certain.

Nous allons nous aimer ! Tu verras !... Je t'adore !...

Tâche de revenir de bonne heure demain.

XIV

ÉPREUVE

XV

AVEU

XV,

AVEU

Je sais bien qu'irritable, exigeant et morose,
insatisfait, jaloux, malheureux pour un mot,
je te cherche souvent des querelles sans cause...
Si je t'aime si mal, c'est que je t'aime trop.

Je te poursuis. Je te tourmente. Je te gronde ..

Tu serais plus heureuse, et mieux aimée aussi,

si tu n'étais pour moi tout ce qui compte au monde,

et si ce pauvre amour n'était mon seul souci.

XVI

DUALISME

XVI

DUALISME

Chérie, explique-moi pourquoi
tu dis : « MON piano, MES roses »,
et : « TES livres, TON chien »... pourquoi
je t'entends déclarer parfois :
« c'est avec MON argent A MOI
que je veux acheter ces choses »

Ce qui m'appartient t'appartient !

Pourquoi ces mots qui nous opposent :

le tien, le mien, le mien, le tien ?

Si tu m'aimais tout à fait bien,

tu dirais : « LES livres, LE chien »

et : « NOS roses ».

XVII

INQUIÉTUDE

INQUIÉTUDE

Enfantine, tu fais bruire

d'un rire clair, aérien,

l'ombre inquiète où je respire.

Je n'aime pas t'entendre rire.

Tu ris trop fort. Tu ris trop bien.

Dans la maison lorsque tu sèmes

tant de santé, tant de clarté,

tu dois te suffire à toi-même.

Il faut à ma sécurité

que tu sois plaintive, dolente

et câline, et que tu te sentes

toute petite. J'ai besoin

de te savoir faible et fragile.

Je t'aime aussitôt beaucoup moins.

Et je suis beaucoup plus tranquille.

XVIII

EXPLICATIONS

XVIII

EXPLICATIONS

Non, ne commençons pas ! Écoute :

tu veux que nous nous expliquions ?

Tu le veux, coûte que coûte ?

Faisons bien attention.

Qu'allons-nous dire encor de triste et de sauvage ?

Qu'allons-nous nous dire, mon Dieu !...

Tais-toi, tiens ! Laisse-moi dégrafer ton corsage .

cela vaudra beaucoup mieux.

Les choses que tu veux me dire, ma petite,

je les sais d'avance. Allons, viens !

Déshabille-toi. Viens vite.

Prenons-nous. Le meilleur moyen

de s'expliquer sans être dupe,

c'est de s'étreindre, corps à corps.

Ne boude pas. Défais ta jupe.

Nos corps, eux, seront d'accord.

Viens, et ne fais pas la tête !

La querelle déjà prête,

tu sais bien qu'on l'oubliera

dès que tu seras venue.

Vite, allons ! viens dans mes bras,

toute nue...

XIX

MEDITATION

XIX

MÉDITATION

On aime d'abord par hasard,
par jeu, par curiosité,
pour avoir dans un regard
lu des possibilités

Et puis comme au fond soi-même

on s'aime beaucoup,

si quelqu'un vous aime, on l'aime

par conformité de goût.

On se rend grâce, on s'invite

à partager ses moindres maux.

On prend l'habitude, vite,

d'échanger de petits mots.

Quand on a longtemps dit les mêmes,

on les redit sans y penser.

Et alors, mon Dieu, l'on aime

parce qu'on a commencé.

XX

DÉFAITE

XX

DÉFAITE

Ce n'est pas juste enfin ! Moi je suis trop sensible.
Quand tu m'as fait du mal, je tente bien parfois
de te le rendre. Mais ça n'est jamais possible !
Je souffre toujours plus que toi.

Toi, tu sais supporter les longues bouderies,

les regards durs et les silences obstinés...

Ah ! ne sois pas méchante avec moi, ma chérie !

J'ai trop de chagrin quand j'en ai...

...Mais je suis fou ! N'écoute pas ! Je te confesse

naïvement de dangereuses vérités...

Tu sais à présent ma faiblesse :

tu vas peut-être en profiter...

XXI

STÉRÉOSCOPE

XXI

STÉRÉOSCOPE

Je ne veux pas les voir. Emporte ces clichés
où tient, dis-tu, notre voyage et son histoire.
Mes souvenirs sont bien plus beaux dans ma mémoire.
Tu les éloignerais, voulant les rapprocher.
Emporte ces clichés où tout meurt et s'étrique,

où le passé charmant apparaît dépouillé

de sa couleur, de son parfum, de sa musique

tandis qu'un détail bête y revit tout entier

avec une importance irritante et cruelle.

Ma mémoire est plus fidèle

qui sait si bien oublier.

Elle a sans doute un peu brouillé

les lignes, défait les contours,

estompé les décors qui restent imprécis...

Mais au souvenir réussi

elle a laissé son goût d'amour.

Elle conserve mes bonheurs

et me les tend au moindre appel,

avec leur douceur, leur saveur,

avec la hauteur de leur ciel.

Je n'ai qu'à les lui demander,

les heures que je veux revivre.

Elle a tout gardé, tout gardé :

l'âpre odeur qui nous laissait ivres

de ce bois de pins sur la mer ;

le goût de vent et de grand air

qu'avaient nos baisers sur les dunes ;

le village, le carrefour

des chemins où l'on s'est un jour

tant disputé, notre rancune,

notre interminable retour,

et comme je te querellais

d'être si froide et si brutale,

tout ce temps que tu mis exprès

à choisir des cartes postales...

et puis les pleurs et le pardon...

et l'église, et notre maison,

et nos courses à bicyclette,

quand nous fleurissions nos guidons

de chèvrefeuille... et tout, nos fêtes,

nos chansons, nos larmes, nos cris,

notre nature, nos jours gris

et nos belles journées parfaites,

elle me les rend palpitants

avec l'air qui les enveloppe...

Penses-tu qu'il en tienne autant

au fond de ton stéréoscope !

Tu ne trouves donc pas que c'est triste à mourir

ce blanc, ce noir, ces traits précis et décevants,

cercueils exacts où le passé fut pris vivant,

mais tenu si serré qu'on ne peut l'en sortir !...

Tu montreras à nos amis ces sarcophages

où des moments de nous sont ainsi prisonniers.

Ils s'émerveilleront : « C'était grand, votre plage !

C'était beau, ce pays ! Quels arbres vous aviez !

Vraiment vous viviez seuls dans ce petit village ?... »

Puis ils riront d'un geste un peu gauche que j'eus...

Amuse-toi. Fais-leur vivre notre voyage.

Mais moi, ces chers endroits, ces murs qui m'ont tant plu,

ces cadres où tu mis tes différents visages,

ne me les montre pas : je ne les verrais plus.

J'ai des images merveilleuses dans ma tête,

7

et tous ces documents ne m'en laisseraient rien.

Le Souvenir est un poète.

N'en fais pas un historien.

XXII

MÉDITATION

XXII

MÉDITATION

Quoiqu'on aime et souffre ensemble,
tous les deux,
au fond l'on ne se ressemble
que bien peu.
Il suffit d'une querelle
même infime,

pour qu'entre nous se révèlent

des abîmes !

On croit qu'on est éperdu

de tendresse,

mais dès qu'il ne s'agit plus

de caresses,

on ne se comprend en somme

qu'à demi...

Si tu étais un homme,

serions-nous des amis ?

XXIII

LETTRE

XXIII

LETTRE

Ah ! ma chérie, que ce sera long ! Tout un mois,
tout un mois sans ton cher tapage !...
Je te disais hier dans ma lettre : « Je crois
que je m'habituerai, que j'aurai du courage... »
Oui, j'ai du courage... un moment !

Et puis je retrouve ma peine.

Elle est là, dans l'appartement,

qui me poursuit et qui se traîne

derrière moi, le long des meubles, tout le jour...

Ah ! ces soirs sans baisers, ces matins sans bonjour,

ces nuits que je passe éveillé

à remuer de vieux souvenirs de bonheur,

et que ne comblent plus ton souffle, ni l'odeur

de tes cheveux sur l'oreiller !...

Si tu savais, l'ennui !... l'ennui !...

On est si seul, tout seul ! La chambre est comme morte

où tu mettais ton ordre et ton désordre. Et puis

les choses qu'on remue, les armoires, les portes,

font un bruit différent, bizarre, inexpliqué,

un bruit de plainte et de malaise, qui insiste,

et met dans tout ce vide une présence triste

comme la pluie autour d'un rendez-vous manqué...

Tout prend un sens lugubre : une voix qui chantonne,

un cri d'enfant, des sons de piano, un pas

dans l'escalier, la rue tout à coup qui résonne

de fracas qui s'en vont et ne reviennent pas...

et puis, à la maison, l'air désœuvré des bonnes...

Marthe, qui se plaint et qui gronde,

exige des ordres pour les repas...

Que veux-tu que je lui réponde ?

Je n'ai pas faim... Je ne sais pas !...

Je n'ai plus qu'un souci : atteindre sans penser

le bout de ce mois commencé,

sans m'énerver à sa poursuite...

Il y a des gens, je le sais,

pour qui le temps, en ce moment, passe très vite.

Et j'essaie, ma pauvre petite,

de me persuader que pour eux et pour moi

ce mois sera le même mois,

qu'il passera, qu'il passe... Et je t'écris des lettres !

Je t'écris des lettres, tu vois,

où je n'ai pas grand'chose à mettre.

J'écris, j'écris, sans savoir quoi.

Car les choses que j'ai chaque jour à te dire

sont de celles, vois-tu, que l'on ne se dit pas

sans la voix, les regards, les gestes, les sourires

et qu'on se dit déjà si mal avec tout ça !...

Alors à quoi bon ? pour quoi faire ?...

On croit toujours, dans ces propos épistolaires,

qu'on pourra mettre un peu de son être profond :

mais ces monologues ne font

qu'augmenter la distance avec leur rhétorique,

car il y manque justement

ce qui seul peut rendre charmants

ces bavardages : la réplique...

Je suis seul à mourir, mon petit enfant doux...

Au revoir, ma tendresse. Au revoir, ma petite.

Cette chose, c'est vrai, que vous m'avez écrite ?

Dans votre lit, le soir, vous repensez à nous ?...

Je vous envoie mon cœur gonflé de vous, avide

de vous, mon cœur malade et triste à se briser.

Je vous envoie ma peine, et ma vie insipide,

mon tourment, mon désir, mes soirs éternisés,

et pour bercer là-bas, cher corps, votre nuit vide,

des baisers, des baisers, des baisers, des baisers...

XXIV

POST-SCRIPTUM

XXIV

POST-SCRIPTUM

Tu n'as écrit hier que deux petites pages.

C'est donc bien gai là-bas que tu m'oublies ? Tu dois

te fatiguer, voir trop de monde. Sois donc sage !

Il faut te reposer. Ecris-moi ! Pense à moi !

Et puis ne mets pas,tant cette robe nouvelle.

Elle te va si bien ! Je ne suis pas jaloux.

Mais, là-bas, tu n'as pas besoin d'être si belle.

L'air te la fanera. Garde-la donc pour nous.

XXV

POST-SCRIPTUM

XXV

POST-SCRIPTUM

J'ai bu ta lettre avec une hâte fiévreuse.

Mais toi, lorsque ces mots écrits te parviendront,

peut-être seras-tu dans un groupe, joyeuse...

Ton amie te dira : « Ma chère, lisez donc ! »

Mais t'éventant avec ma lettre sans la rompre,

ayant vérifié l'adresse d'un regard,

peut-être diras-tu, pour ne pas t'interrompre :

« Ce n'est rien... Ce n'est rien... Je lirai ça plus tard... »

XXVI

DISTANCE

XXVI

DISTANCE

Il m'a troublé comme un enfant
ton rendez-vous au téléphone.
J'avais dit, plus d'une heure avant,
qu'on ne laissât entrer personne
dans la chambre où j'avais éteint
pour t'attendre toutes les lampes.

Je sentais bourdonner mes tempes.

Et je n'étais pas bien certain,

seul au fond de cette ombre pleine

de la promesse de ta voix,

que je n'allais pas contre moi

sentir le vent de ton haleine...

Lorsque ton brusque appel tinta

je crois que mon sang s'arrêta

dans mes veines plusieurs secondes...

Puis tu parlas. Je t'entendis.

Mais tous les mots que tu me dis

semblaient venir du bout du monde.

Elle avait dû, ta pauvre voix,

parcourir d'une seule haleine

des collines, des champs, des plaines,

des villes, passer sous des bois,

longer des fleuves et des routes...

Et c'était pour cela sans doute

qu'elle m'arrivait, cette voix,

si changée, si diminuée,

si ténue et si dénuée,

que ce n'était presque plus toi

qui parlais dans la chambre sombre,

mais quelque chose comme l'ombre

ou le fantôme de ta voix...

Je m'étais dit, ma chère absente,

que je te sentirais penchée

vers ma bouche, et sinon présente,

du moins mille fois rapprochée...

Mais au contraire à ce moment

la distance semblait accrue

entre nous indéfiniment...

Et soudain tu m'es apparue

au bout de ce fil décevant,

si désespérément lointaine,

que je me suis trouvé, devant

ce téléphone, avec ma peine,

plus seul et plus perdu qu'avant.

XXVII

BRUIT DE VOIX

XXVII

BRUIT DE VOIX

Tu as eu tort ! Tu as eu tort ! Je te répète

que tu as eu grand tort ! Et tu le sais très bien !

Oui, mais voilà : tu n'en veux faire qu'à ta tête !.

Oh ! ne pleure pas, va ! Ça n'arrangera rien.

Bois ton thé. Que ce soit fini ! Voilà deux heures

que nous perdons à batailler, à discuter.

Bois ton thé. Parlons d'autre chose.... Bois ton thé !

Je te préviens que je m'en vais, moi, si tu pleures !...

Mais qu'est-ce que j'ai dit ? Mais qu'est-ce que tu as ?

Eh bien, soit ! c'est moi qui ai tort, là ! grand tort même.

Et maintenant essuie tes yeux... Mais oui, je t'aime !

Tu le sais bien !... Mais, nom de Dieu ! ne pleure pas !...

Tu dis ? Je t'ai fait mal ? Je ne t'ai pas touchée !

Où ça t'ai-je fait mal ? Allons, embrasse-moi,

et que ce soit fini ! Là. Tu n'es plus fâchée ?

Alors ne boude plus ! Bois ton thé. Allons, bois !

Tu mettras de la poudre un peu plus tard. Tu m'aimes ?

C'est sûr ? Prends mon mouchoir : le tien est tout mouillé.

Qu'est-ce que vous voulez encore ? Un peu de crème ?

Un nuage ? Voilà, Madame. Vous voyez :

j'ai beau crier très fort, c'est toujours moi qui cède !

Vous avez vos grands yeux tout gonflés, tout ternis,

tout rouges. Voulez-vous sourire ? Hou ! Qu'elle est laide !

Allons ! Embrassez-moi. Là. Voilà. C'est fini.

XXVIII

HABITUDE

XXVIII

HABITUDE

Tu veux savoir pourquoi, sans cause,
je fais ce soir mes yeux mauvais...
Je pense à d'anciennes choses,
à des robes que tu avais...

J'ai beau chercher, je ne vois point

en nous de changements notables.

A peine y a-t-il un peu moins

de fleurs aujourd'hui sur nos tables...

Pourtant, pourtant, je me souviens

d'un autre temps, d'une autre flamme...

Il me semble que tu deviens

une femme comme les femmes.

XXIX

PASSÉ

XXIX

PASSÉ

Tu avais jadis, lorsque je t'ai prise,
il y a trois ans,
des timidités, des pudeurs exquises.
Je te les ai désapprises.
Je les regrette à présent.

A présent, tu viens, tu te déshabilles,

tu noues tes cheveux, tu me tends ton corps...

Tu n'étais pas si prompte alors.

Je t'appelais : ma jeune fille.

Tu t'approchais craintivement.

Tu avais peur de la lumière.

Dans nos plus grands embrassements,

Je ne t'avais pas tout entière...

Je t'en voulais. J'étais avide,

ce pauvre baiser trop candide,

de le sentir répondre au mien.

Je te disais, tu t'en souviens :

« Vous ne seriez pas si timide

si vous m'aimiez tout à fait bien !... »

Et maintenant je la regrette

cette enfant au front sérieux,

qui pour être un peu plus secrète

mettait son bras nu sur ses yeux.

X X X

SAGESSE

XXX

SAGESSE

Ne soyons pas trop exigeants :
le Bonheur n'est pas accessible
à toutes les sortes de gens.
Il faudrait être moins sensible,
ou bien avoir beaucoup d'argent...
Ne demandons pas l'impossible.

Nous devons nous trouver contents

d'être les êtres que nous sommes :

des amoureux intermittents

qui sont fous l'un de l'autre en somme

de temps en temps.

C'est déjà beaucoup d'être deux,

deux côte à côte sur la ferre,

qui peuvent souffrir entre eux

et vivre sans trop se taire.

Et si l'on est plus exigeant,

si l'on se sent en y songeant

l'âme encor trop célibataire,

c'est qu'on a mauvais caractère...

ou qu'on est trop intelligent.

XXXI

MEA CULPA

XXXI

—

MEA CULPA

Au fond, vois-tu, mon erreur,
ma grande folie,
c'est d'avoir chargé ton cœur
de tout le poids de ma vie.

Le jour où l'on s'est aimé,

j'ai cru qu'en ce cœur offert

j'allais pouvoir enfermer

tout mon univers.

C'est de cette erreur profonde

que maintenant nous souffrons.

On ne fait pas tenir le monde

derrière un front.

Ton cœur est tendre et sincère,

ardent et soumis.

Mais, tout seul, pouvait-il faire

que je me passe de ma mère

et de mes amis !

XXXII

FINALE

XXXII

FINALE

Alors, adieu. Tu n'oublies rien ?... C'est bien. Va-t'en.
Nous n'avons plus rien à nous dire. Je te laisse.
Tu peux partir... Pourtant, attends encore, attends.
Il pleut... Attends que cela cesse.

Couvre-toi bien surtout ! Tu sais qu'il fait très froid

dehors. C'est un manteau d'hiver qu'il fallait mettre...

Je t'ai bien tout rendu ? Je n'ai plus rien à toi ?

Tu as pris ton portrait, tes lettres ?...

Allons ! Regarde-moi, puisqu'on va se quitter...

Mais prends garde ! Ne pleurons pas ! Ce serait bête.

Quel effort il faut faire, hein ? dans nos pauvres têtes,

pour revoir les amants que nous avons été !

Nos deux vies s'étaient l'une à l'autre données toutes,

pour toujours... Et voici que nous les reprenons !

Et nous allons partir, chacun avec son nom,

recommencer, errer, vivre ailleurs... Oh ! sans doute,

nous souffrirons... pendant quelque temps. Et puis, quoi !

l'oubli viendra, la seule chose qui pardonne.

Et il y aura toi, et il y aura moi,

et nous serons parmi les autres deux personnes.

Ainsi, déjà, tu vas entrer dans mon passé !

Nous nous rencontrerons par hasard, dans les rues.

Je te regarderai de loin, sans traverser.

Tu passeras avec des robes inconnues.

Et puis nous resterons sans nous voir de longs mois.

Et des amis te donneront de mes nouvelles.

Et je dirai de toi qui fus ma vie, de toi

qui fus ma force et ma douceur : « Comment va-t-elle ? »

Notre grand cœur, c'était cette petite chose !

Étions-nous assez fous, pourtant, les premiers jours !

Tu te souviens, l'enchantement, l'apothéose ?

S'aimait-on !... Et voilà : c'était ça, notre amour !

Ainsi nous, même nous, quand nous disons « je t'aime »,

voilà donc la valeur que cela a ! Mon Dieu !

Vrai, c'est humiliant. On est donc tous les mêmes ?

Nous sommes donc pareils aux autres ?... Comme il pleut !

Tu ne peux pas partir par ce temps... Allons, reste !

Oui, reste, va ! On tâchera de s'arranger.

On ne sait pas. Nos cœurs, quoiqu'ils aient bien changé,

se reprendront peut-être au charme des vieux gestes.

On fera son possible. On sera bon. Et puis,

on a beau dire, au fond, on a des habitudes...

Assieds-toi, va ! Reprends près de moi ton ennui

Moi près de toi je reprendrai ma solitude.

FIN

TABLE

TABLE

—

TABLE 147

E. GREVIN — IMPRIMERIE DE LAGNY — 1927.